el CUADERNILLO DE ESCRITURA CURSIVA PARA ADOLESCENTES

Este libro pertenece a:

> **Mándanos un correo electrónico a**
> modernkidpress@gmail.com
> **para conseguir contenido extra gratuito.**
>
> ---
>
> Solo tienes que poner en el asunto
> "Escritura cursiva para adolescentes"
> y te enviaremos algunas sorpresas.

El cuadernillo de escritura cursiva para adolescentes

© El cuadernillo de escritura cursiva para adolescentes. Todos los derechos reservados. Esta publicación no puede ser reproducida, ni en todo ni en parte, ni registrada en o transmitida por, un sistema de recuperación de información, en ninguna forma ni por ningún medio, sea mecánico, fotoquímico, electrónico, magnético, electroóptico, por fotocopia, o cualquier otro, sin el permiso previo por escrito del editor, excepto en el caso de breves citas incorporadas en reseñas críticas y ciertos otros usos no comerciales permitidos por la ley de derechos de autor.

Contenido

PRIMERA PARTE: Letras............5

SEGUNDA PARTE: Números.......34

TERCERA PARTE: Palabras........48

CUARTA PARTE: Frases............54

QUINTA PARTE: Ideas............66

¡A aprender a escribir en *cursiva*!

Unos cuantos consejos útiles:

1) ¡Usa un lápiz! La mina del lápiz es más blanda que la de los bolígrafos, por lo que el lápiz se deslizará por las páginas de este libro con mayor facilidad. Además, ten en cuenta que, como siempre que se aprende algo nuevo, es normal cometer errores, y siempre está bien tener la opción de borrar y empezar de nuevo.

2) ¿Te acuerdas de lo que aprendiste en la guardería sobre mantener una buena postura al sentarte? Aquí hay que seguir la misma regla. Apoya las caderas en el respaldo de la silla, mantén la espalda recta y los pies en el suelo.

3) Es fundamental sujetar el lápiz de la manera correcta. Concéntrate en sujetarlo entre el pulgar y los dedos índice y corazón. Intenta formar un círculo entre el pulgar y el índice (como en la imagen de abajo).

4) No sujetes el lápiz con demasiada fuerza. Cuanto más aprietes, más rápido se te cansará la mano. Si relajas la mano, reducirás la tensión de las articulaciones y de los músculos y te ayudará a escribir durante más tiempo sin que se te canse la mano.

PRIMERA PARTE:
Letras

El alfabeto en cursiva

Aa Bb Cc Dd
Ee Ff Gg Hh
Ii Jj Kk Ll
Mm Nn Ññ Oo
Pp Qq Rr Ss
Tt Uu Vv Ww
Xx Yy Zz

A B C D E F G H I J K L M N O P Q R S T U V W X Y Z

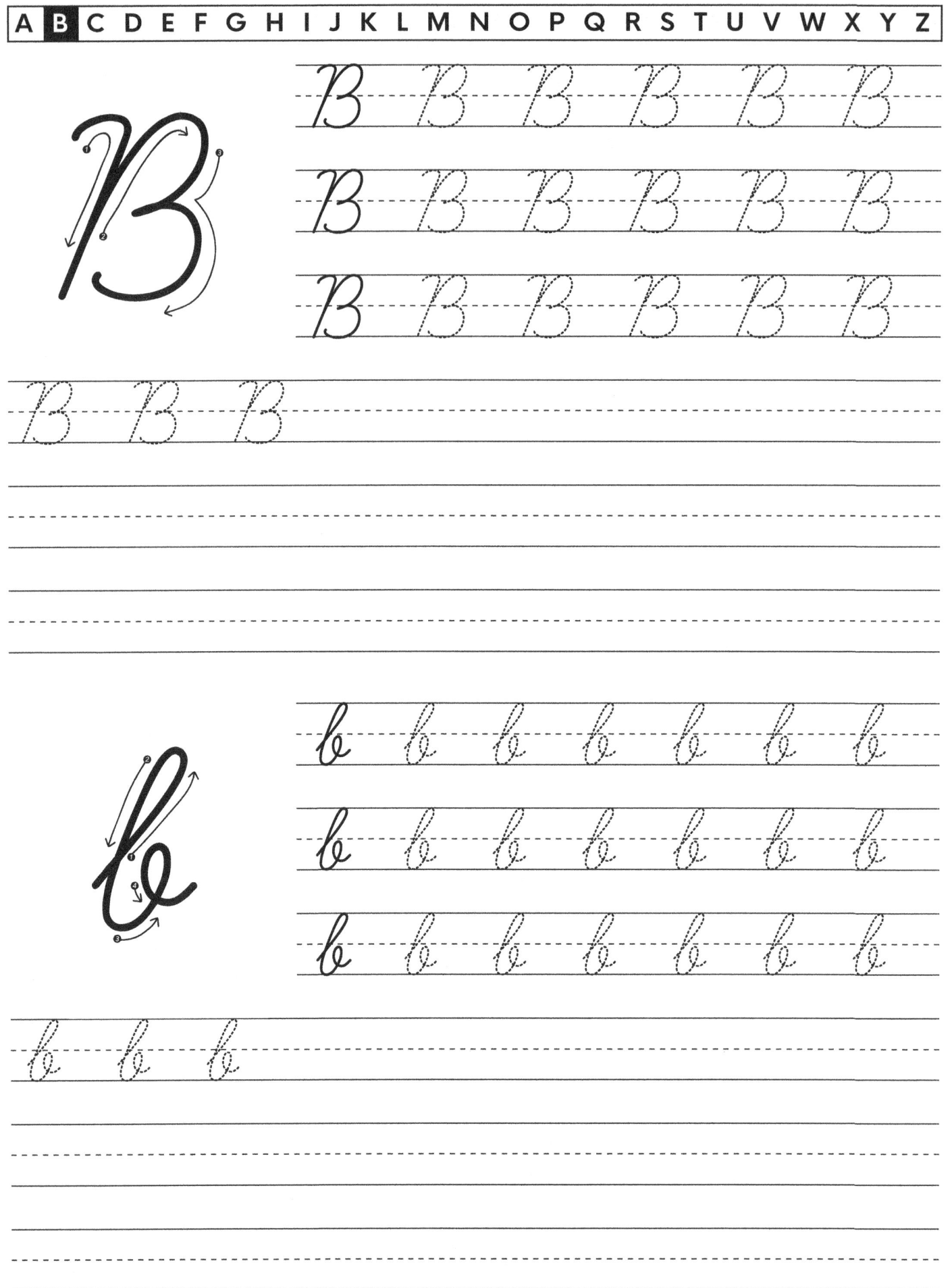

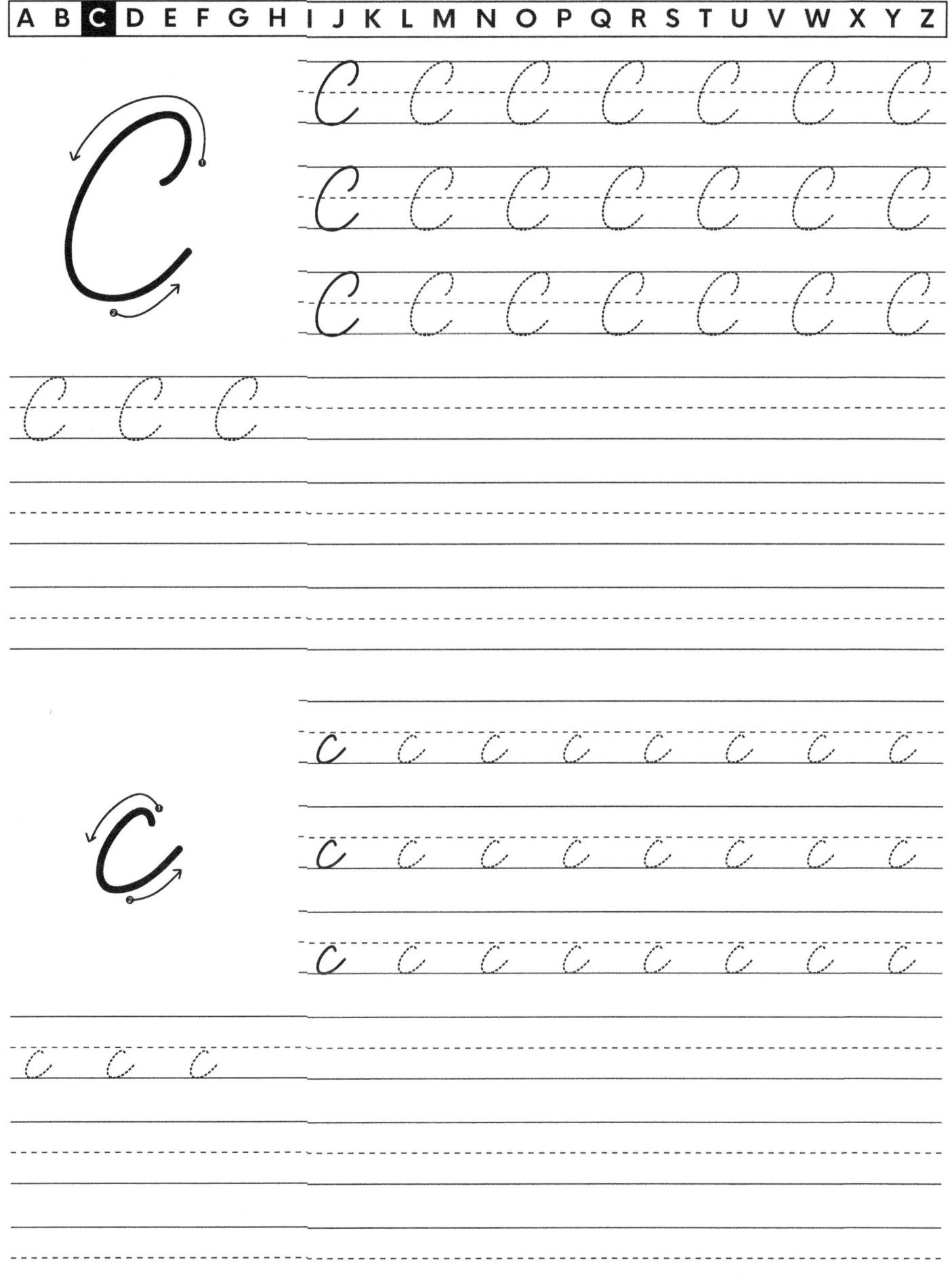

A B C D E F G H I J K L M N O P Q R S T U V W X Y Z

pg. 10

| A | B | C | D | **E** | F | G | H | I | J | K | L | M | N | O | P | Q | R | S | T | U | V | W | X | Y | Z |

pg 11

| A | B | C | D | E | **F** | G | H | I | J | K | L | M | N | O | P | Q | R | S | T | U | V | W | X | Y | Z |

| A | B | C | D | E | F | **G** | H | I | J | K | L | M | N | O | P | Q | R | S | T | U | V | W | X | Y | Z |

pg 13

| A | B | C | D | E | F | G | **H** | I | J | K | L | M | N | O | P | Q | R | S | T | U | V | W | X | Y | Z |

A B C D E F G H **I** J K L M N O P Q R S T U V W X Y Z

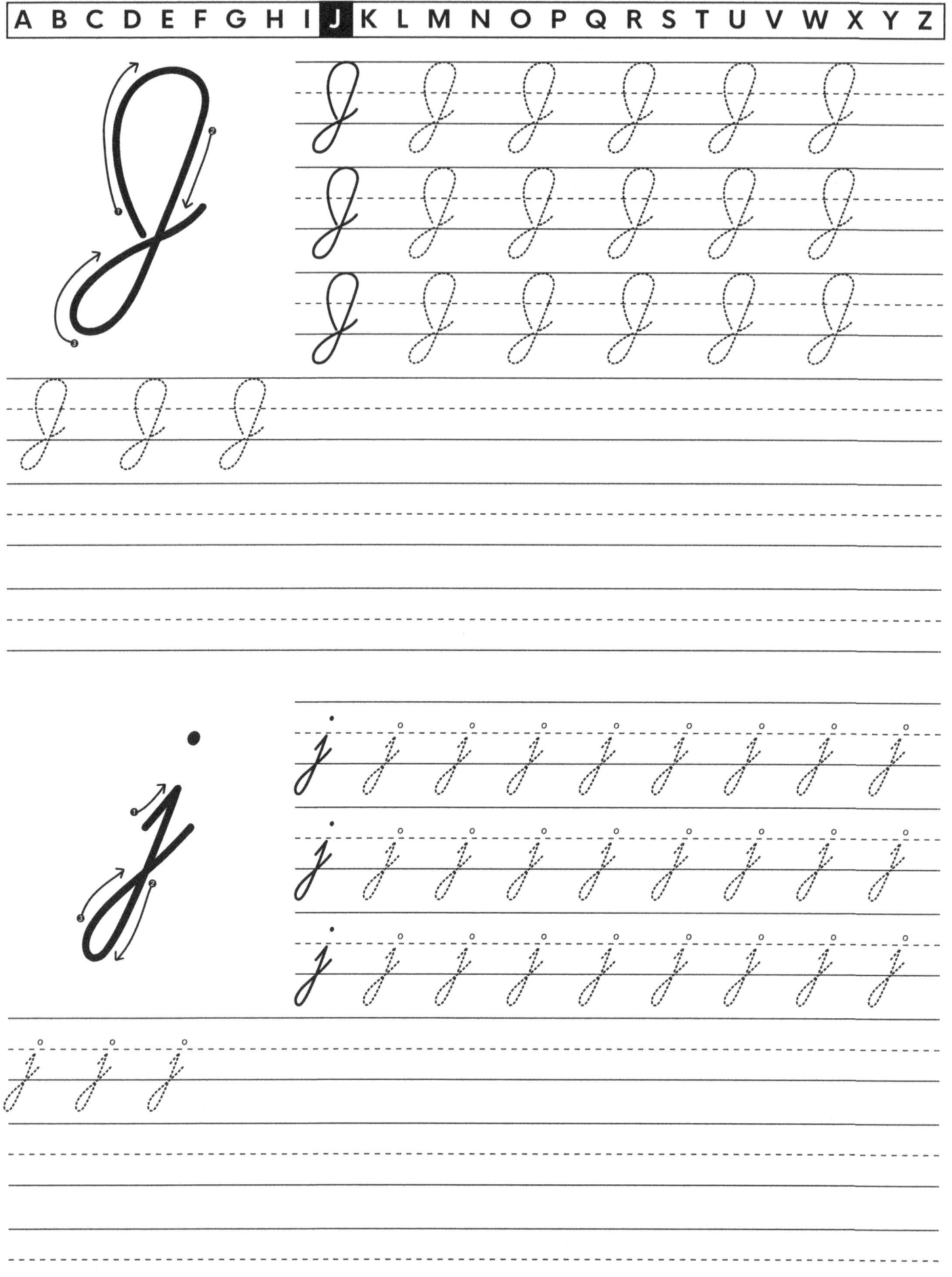

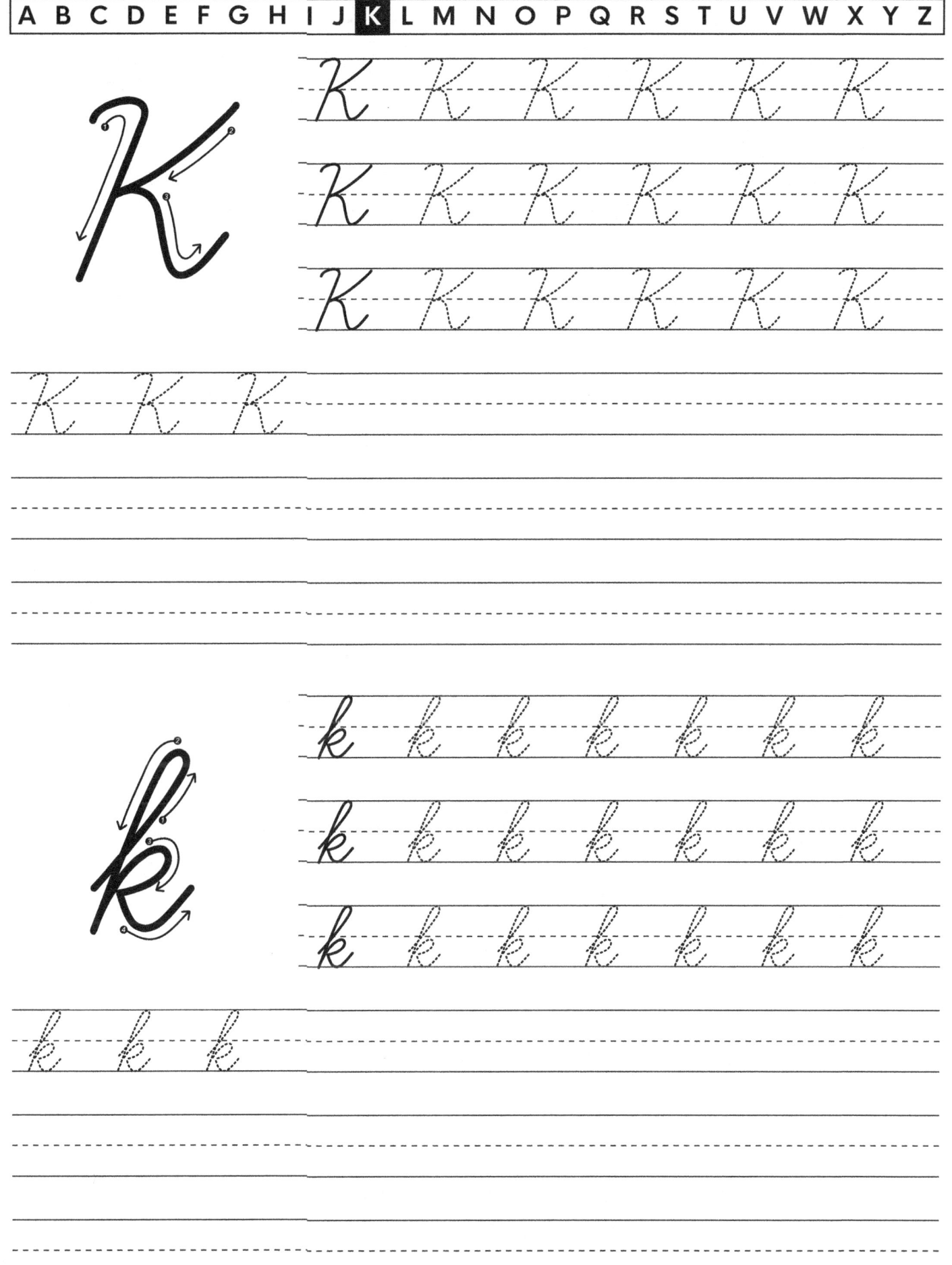

| A | B | C | D | E | F | G | H | I | J | K | **L** | M | N | O | P | Q | R | S | T | U | V | W | X | Y | Z |

A B C D E F G H I J K L **M** N O P Q R S T U V W X Y Z

| A | B | C | D | E | F | G | H | I | J | K | L | M | **N** | O | P | Q | R | S | T | U | V | W | X | Y | Z |

| A | B | C | D | E | F | G | H | I | J | K | L | M | N | **Ñ** | O | P | Q | R | S | T | U | V | W | X | Y | Z |

Ñ

Ñ Ñ Ñ Ñ Ñ Ñ
Ñ Ñ Ñ Ñ Ñ Ñ
Ñ Ñ Ñ Ñ Ñ Ñ

Ñ Ñ Ñ

ñ

ñ n n n n n n
ñ n n n n n n
ñ n n n n n n

n n n

A B C D E F G H I J K L M N **O** P Q R S T U V W X Y Z

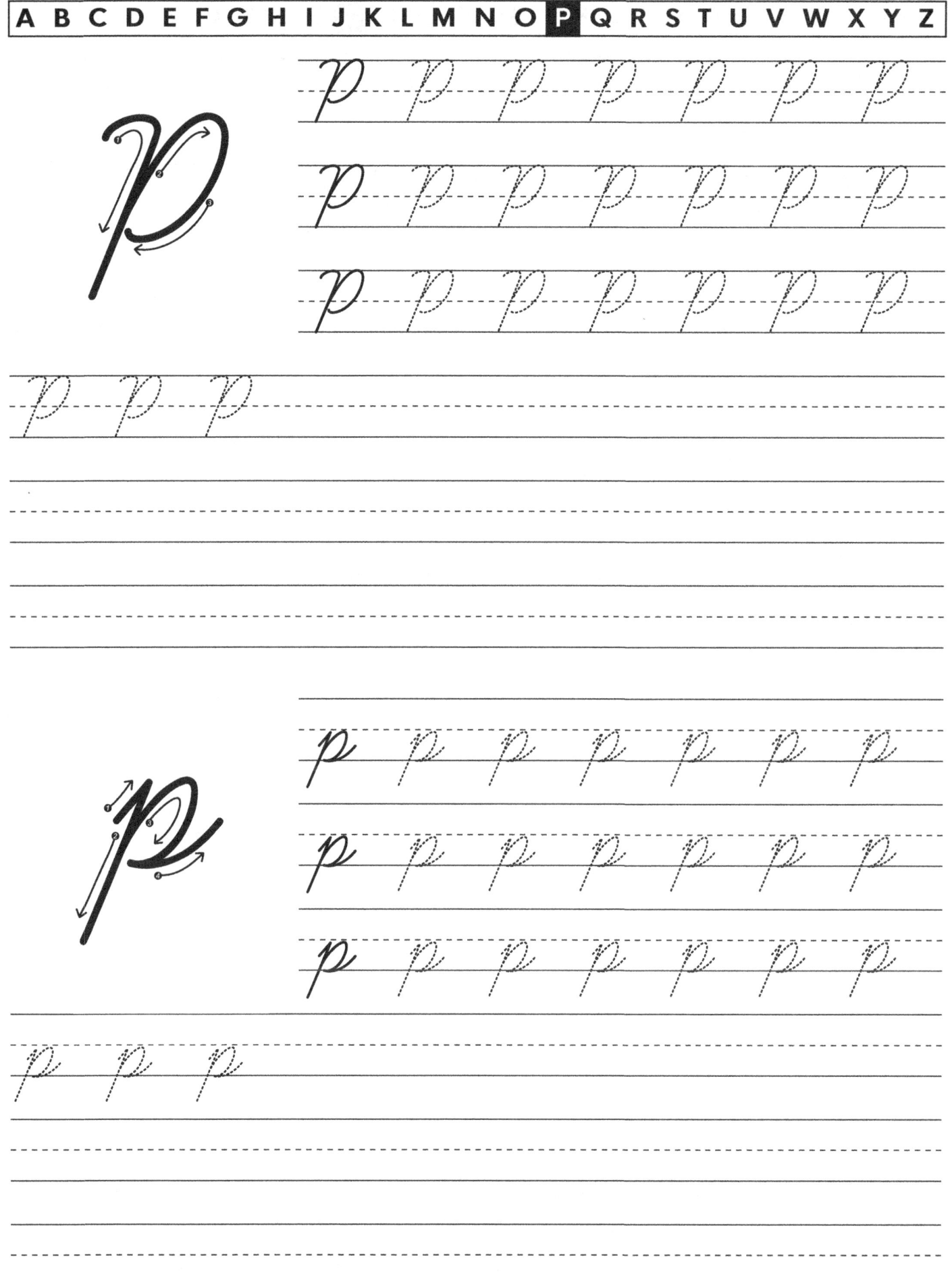

A B C D E F G H I J K L M N O P **Q** R S T U V W X Y Z

A B C D E F G H I J K L M N O P Q **R** S T U V W X Y Z

| A | B | C | D | E | F | G | H | I | J | K | L | M | N | O | P | Q | R | **S** | T | U | V | W | X | Y | Z |

A B C D E F G H I J K L M N O P Q R S **T** U V W X Y Z

| A | B | C | D | E | F | G | H | I | J | K | L | M | N | O | P | Q | R | S | T | **U** | V | W | X | Y | Z |

| A | B | C | D | E | F | G | H | I | J | K | L | M | N | O | P | Q | R | S | T | U | **V** | W | X | Y | Z |

| A | B | C | D | E | F | G | H | I | J | K | L | M | N | O | P | Q | R | S | T | U | V | **W** | X | Y | Z |

W W W W W

W W W W W

W W W W W

W W W

w w w w w w

w w w w w w

w w w w w w

w w w

Segunda parte: Nùmeros

0 0 0 0 0 0 0 0 0 0 0

1 1 1 1 1 1 1 1 1 1 1

2 2 2 2 2 2 2 2 2 2 2

3 3 3 3 3 3 3 3 3 3 3

4 4 4 4 4 4 4 4 4 4

5 5 5 5 5 5 5 5 5 5

pg 35

6 6 6 6 6 6 6 6 6 6

7 7 7 7 7 7 7 7 7 7

8 8 8 8 8 8 8 8 8 8

9 9 9 9 9 9 9 9 9 9

10 10 10 10 10 10 10 10

0 1 2 3 4 5 6 7 8 9 10

cero cero cero cero cero

uno uno uno uno uno

dos dos dos dos dos

tres tres tres tres tres

cuatro cuatro cuatro cuatro

cinco cinco cinco cinco cinco

seis   seis   seis   seis   seis

siete   siete   siete   siete   siete

ocho   ocho   ocho   ocho   ocho

nueve   nueve   nueve   nueve

diez   diez   diez   diez   diez

0 1 2 3 4 5 6 7 8 9 10

0 1 2 3 4 5 6 7 8 9 10

0 1 2 3 4 5 6 7 8 9 10

cero uno dos tres cuatro cinco

cero uno dos tres cuatro cinco

seis siete ocho nueve diez

seis siete ocho nueve diez

Tercera parte:
Palabras

hola hola hola hola hola
hola hola hola hola hola

hola hola hola hola hola
hola hola hola hola hola

hola hola hola hola hola
hola hola hola hola hola

soñar soñar soñar soñar

soñar soñar soñar soñar

amor amor amor amor

amor amor amor amor

esperanza esperanza

esperanza esperanza

primavera primavera

primavera primavera

verano verano verano

verano verano verano

otoño otoño otoño otoño

otoño otoño otoño otoño

invierno invierno invierno

invierno invierno invierno

mejor mejor mejor mejor

mejor mejor mejor mejor

amable amable amable

amable amable amable

creer creer creer creer creer

creer creer creer creer creer

dulce dulce dulce dulce dulce

dulce dulce dulce dulce dulce

encantador encantador

encantador encantador

triunfar triunfar triunfar

triunfar triunfar triunfar

inspirar inspirar inspirar

inspirar inspirar inspirar

original original original

original original original

feliz feliz feliz feliz feliz

feliz feliz feliz feliz feliz

cumpleaños cumpleaños

cumpleaños cumpleaños

hurra hurra hurra hurra

hurra hurra hurra hurra

salud salud salud salud

salud salud salud salud

tacos tacos tacos tacos

tacos tacos tacos tacos

dònuts dònuts dònuts

dònuts dònuts dònuts

valiente valiente valiente

valiente valiente valiente

fuerte fuerte fuerte fuerte fuerte

fuerte fuerte fuerte fuerte fuerte

inteligente inteligente

inteligente inteligente

increíble increíble increíble

increíble increíble increíble

atrevido atrevido atrevido

atrevido atrevido atrevido

seguro seguro seguro seguro

seguro seguro seguro seguro

gracias gracias gracias gracias

gracias gracias gracias gracias

fiesta fiesta fiesta fiesta fiesta

fiesta fiesta fiesta fiesta fiesta

felicidades felicidades felicidades

felicidades felicidades felicidades

invitado invitado invitado

invitado invitado invitado

fin de semana fin de semana

fin de semana fin de semana

graduado graduado graduado

graduado graduado graduado

favorito favorito favorito
favorito favorito favorito

agradecido agradecido agradecido
agradecido agradecido agradecido

siempre siempre siempre
siempre siempre siempre

Cuarta parte:
Frases

¡Tú puedes!

Habla y hazte oír.

Me inspiras.

Me inspiras.

Soy fuerte.

Soy fuerte.

Hoy es un nuevo día.

Hoy es un nuevo día.

Sueña a lo grande y sé valiente.

Sueña a lo grande y sé valiente.

Paso a paso.

Paso a paso.

Hoy elijo ser feliz.

Hoy elijo ser feliz.

Creo en mí mismo.

Creo en mí mismo.

Haz que sea un gran día.

Haz que sea un gran día.

¡Ve a por todas!
¡Ve a por todas!

¡A por las estrellas!
¡A por las estrellas!

La vida es demasiado corta para esperar.

La vida es demasiado corta para esperar.

¡No te rindas!

¡No te rindas!

Qué bonita es la vida.
Qué bonita es la vida.

Me haces sonreír.
Me haces sonreír.

El mejor día de mi vida.

El mejor día de mi vida.

Disfruta de cada momento.

Disfruta de cada momento.

Lo mejor está por llegar.
Lo mejor está por llegar.

¡Puedo hacerlo!
¡Puedo hacerlo!

Eres único.

Eres único.

Nadie es perfecto.

Nadie es perfecto.

Quinta parte:

Ideas

Si hoy pudieras ir a cualquier lugar,
¿adónde irías? ¿Por qué?

¡Acuérdate de escribir en cursiva!

Escribe sobre una habilidad que te gustaría tener y cómo la podrías aprender.

¡Acuérdate de escribir en cursiva!

> Si pudieras hablar con cualquier persona, viva o muerta, ¿a quién escogerías y qué le dirías?
>
> *¡Acuérdate de escribir en cursiva!*

¿Hay algo que siempre hayas querido probar? ¿Qué te lo impide?

¡Acuérdate de escribir en cursiva!

> Si pudieras vivir en alguna serie de televisión o en algún libro, ¿cuál escogerías y por qué?
>
> *¡Acuérdate de escribir en cursiva!*

> Escribe sobre algo que de lo que estés orgullosa u orgulloso.
>
> *¡Acuérdate de escribir en cursiva!*

Escribe un poema sobre tu vida en doce palabras o menos.

¡Acuérdate de escribir en cursiva!

> Si tuvieras los recursos y los conocimientos para inventarte cualquier cosa, ¿qué sería y por qué?
>
> *¡Acuérdate de escribir en cursiva!*

¡Así se hace!

¡Has acabado todos los ejercicios del cuadernillo!

Sigue practicando por tu cuenta con las siguientes actividades...

Coge una hoja en blanco y escríbele una carta a un ser querido. No te olvides de demostrar también lo bien que se te da escribir en cursiva en el sobre. Practica escribiéndole una carta a la dirección que aparece a continuación:

María Pérez
Calle Lorca, 35
Madrid

Invéntate una cita inspiradora

como dijo el maravilloso e inteligente

Escribe tu lista de tareas semanal, ¡pero haz que quede elegante (en cursiva)!

Tareas:

¡Escribe la letra de tu canción favorita!

Y la última actividad...

Ve a por tu bolígrafo favorito y una libreta nueva y empieza a escribir un diario. Escribir un diario puede ayudarte a mejorar el estado de ánimo y la caligrafía.

¡Sigue haciendo del mundo un lugar más bonito con tu nueva y elegante caligrafía!

Made in the USA
Coppell, TX
24 January 2024

28043603R00046